Ruth Burgos / Lena Richter

Serviettentechnik

von witzig bis edel

frechverlag

Im frechverlag gibt es viele weitere Bücher mit tollen Dekoideen. Hier eine Auswahl:

TOPP 2610

TOPP 2613

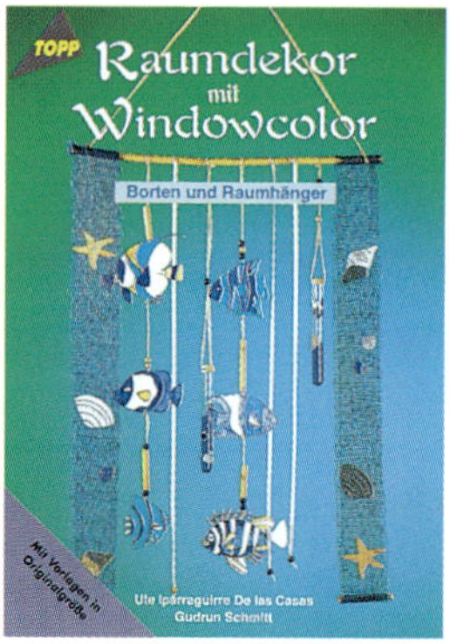

TOPP 2586

TOPP 2607

TOPP 2565

TOPP 2682

Fotos: frechverlag GmbH + Co. Druck KG, 70499 Stuttgart;
Fotostudio Ullrich & Co., Renningen

Auflage:	5.	4.	3.	2.	1.	Letzte Zahlen
Jahr:	2004	2003	2002	2001	2000	maßgebend

ISBN 3-7724-2739-1 · Best.-Nr. 2739
Druck: frechverlag GmbH + Co. Druck KG, 70499 Stuttgart

Serviettenmotiv ausschneiden und aufkleben! Das ist eigentlich schon alles, was man machen muss um sich tolle Dekoartikel zu zaubern. Sie brauchen nur einen Spezialkleber und Servietten und schon kann es losgehen. Alles geht ganz einfach und super schnell! Ist das nicht toll?

Sie können alle möglichen Töpfe, Dosen, Rahmen und viele andere Utensilien aus Holz, Terrakotta, Plastik und Metall dekorieren und aufpeppen.

Auf dem Küchentisch machen sich die Tischsets hervorragend, der Metalltopf mit den aufgeklebten Muschelmotiven verbreitet exklusive maritime Atmosphäre, in einem Holzkistchen mit Fischen lässt sich allerlei Krimskrams verstauen und die Plastikboxen mit Küken und Bienen finden bestimmt nicht nur Kids ganz klasse.

Na, haben Sie Lust auf mehr?
Dann liegen Sie mit diesem Buch richtig!

Das wird benötigt

- Servietten

Servietten gibt es in den unterschiedlichsten Designs, Motiven, Farben und Formaten zu kaufen. Sie können auch Reste verwenden oder bei Einladungen Servietten sammeln, wenn die Motive Ihnen besonders gut gefallen. Eine Serviette reicht oft nicht aus – also sammeln Sie immer mehrere ein – da häufig Motive angesetzt werden müssen, weil die Servietten nicht groß genug sind.

- Acrylfarbe
- Serviettenkleber, z.B. Mod Podge oder Patio Paint
- Spitze, kleine, scharfe Schere
- Evtl. Nagelschere
- Klarlack
- Pinsel
- Stupfpinsel oder kleiner Naturschwamm
- Evtl. Backpapier, Bügeleisen, Föhn
- Verschiedene Trägermaterialien

So wird's gemacht

Das Grundieren

Wenn Sie möchten, grundieren Sie das gewünschte Objekt, welches staub- und fettfrei sein sollte, zunächst. Hierfür eignet sich Acrylfarbe am besten, denn sie haftet auf Holz, Terrakotta, Glas, Metall, Kunststoff, Papier etc.
Achten Sie darauf, eine helle Farbe zu verwenden, denn dunkle Farben würden durch die dünne Serviettenschicht hindurch scheinen! Wünschen Sie dennoch einen dunkleren Hintergrund, so malen Sie diesen entweder nach dem Anbringen der Serviette oder Sie bemalen exakt die Flächen, auf welchen Sie später das Motiv anbringen möchten, mit einer helleren Farbe.
Zum Grundieren können Sie auf verschiedene Arten vorgehen: Wünschen Sie einen gleichmäßigen und deckenden Farbauftrag, so verwenden Sie einen Haarpinsel und tragen die Acrylfarbe am besten zweimal auf. Dabei die erste Farbschicht gut trocknen lassen!
Für einen ungleichmäßigen Auftrag, durch den der Untergrund scheint, verdünnen Sie die Acrylfarbe mit Wasser und tragen Sie in einer dünnen Schicht mit einem Pinsel auf.
Möchten Sie einen zweifarbig gefleckten Hintergrund, so geben Sie auf einen Schwamm oder Stupfpinsel sehr wenig Farbe und tupfen diese auf den rohen oder grundierten Untergrund. Überschüssige Farbe vor dem Tupfen unbedingt abstreifen oder abtupfen, da der Farbauftrag sonst zu deckend wird. Ob Sie eine oder mehrere Farben auftupfen, bleibt ganz Ihnen überlassen.

Vorbereitung der Servietten

Zunächst schneiden oder reißen Sie das gewünschte Motiv aus der Serviette aus. Hierfür sollten Sie eine kleine, spitze Schere verwenden. Für Rundungen eignet sich eine Nagelschere besonders gut. Mit gerissenen Kanten erzielen Sie sanfte Übergänge und interessante Effekte.

Gefällt Ihnen ein sehr filigranes Motiv besonders gut, so sollten Sie nicht versuchen, dieses exakt auszuschneiden. Reißen oder schneiden Sie es lieber nur grob aus und beziehen Sie den Hintergrund in die Gestaltung mit ein.

Nach dem Ausschneiden lösen Sie die oberste bedruckte Schicht von der (dreiteiligen) Serviette, denn nur diese wird auf dem Objekt angebracht.

Das Anbringen der Servietten

Hier können Sie zwischen zwei Techniken wählen. Die Bügeltechnik eignet sich gut für große, glatte Flächen. Kleine, unregelmäßige und stark gerundete oder sehr hitzeempfindliche Untergründe, wie z.B. Styropor oder Windradfolie, werden am besten in der einfachen Klebetechnik verziert.

Einfache Klebetechnik

Bestreichen Sie entweder den gesamten Untergrund oder nur die Stelle, auf der das Motiv angebracht werden soll, gleichmäßig mit Serviettenkleber (Patio Paint). Wenn dieser ganz leicht angetrocknet ist, legen Sie das Motiv auf und streichen es von innen nach außen vorsichtig mit der Hand oder einem Haarpinsel fest. Nun können Sie sofort oder nach dem Trocknen eine weitere Schicht Kleber vorsichtig von innen nach außen auftragen. Lassen Sie alles trocknen.

Bügeltechnik

Für die Bügeltechnik benötigen Sie Mod Podge. Mod Podge ist ein weißer, wasserlöslicher Leim.
Sie erhalten ihn in verschieden großen Flaschen und Dosen, matt oder glänzend. Er wird mit dem Pinsel aufgetragen. Sie leimen als Erstes die Stelle mit Mod Podge ein, die Sie verzieren wollen. Bei sehr filigranen Servietten-Motiven können Sie das ganze Objekt oder eine größere Fläche mit Mod Podge bestreichen. Der Leim muss dann trocknen. Hier können Sie ein wenig mit dem Föhn nachhelfen. Legen Sie die vorbereitete Serviette auf die eingeleimte Stelle, decken Sie sie mit Backpapier ab und bügeln Sie mit dem Bügeleisen (Einstellung Baumwolle) darüber. Der Mod Podge-Kleber schmilzt durch die Hitze des Bügeleisens und verbindet sich dadurch mit der Serviette. Anschließend lassen Sie das Backpapier leicht abkühlen, bevor Sie es vorsichtig abnehmen. Danach bestreichen Sie die aufgeklebten Servietten-Motive nochmals mit Mod Podge. Sie beginnen in der Motivmitte und arbeiten sich nach außen vor. Zum Schluss können die fertigen Objekte zum Schutz noch mit Klarlack versiegelt werden.

Für runde Objekte, wie z.B. sehr bauchige Gefäße oder Kunststoff-Tischsets, die sich durch die Hitze des Bügeleisens verziehen können, können Sie zum Aufbringen der Servietten-Motive einen Föhn verwenden. Sie erwärmen den aufgetragenen Mod Podge-Kleber zuerst ein wenig mit dem Föhn (bis die Fläche leicht klebrig wird), dann drücken Sie das Servietten-Motiv auf der erwärmten Stelle mit der Hand gut an und föhnen es komplett, von innen nach außen, auf der Klebefläche fest.

Froschkönig

Diese niedlichen Froschkönige sind ein besonders nettes Geschenk für Kinder und zaubern märchenhafte Stimmung ins Reich der Kleinen.

Bilderrahmen

Material

- Bilderrahmen aus Holz, 12,5 cm x 17,5 cm
- Servietten mit Fröschen und mit Blumen
- Acrylfarbe in Hellblau
- Serviettenkleber

Grundieren Sie zunächst den Bilderrahmen mit hellblauer Acrylfarbe. Schneiden Sie die benötigten Motive aus und bringen Sie sie auf dem Rahmen an. Für das Bild im Rahmen bringen Sie auf stabiles, weißes Papier das gewünschte Serviettenmotiv auf.

Hohe Dose

Material

- Hohe Dose aus Pappmaché, ø 12 cm, ca. 18 cm hoch
- Servietten mit Fröschen und mit Blumen
- Acrylfarbe in Hellblau und Hellgrün
- Serviettenkleber

Der Korpus der Dose wird hellblau, der Deckel hellgrün grundiert. Bringen Sie die ausgeschnittenen bzw. ausgerissenen Motive (Wiese) gemäß der Abbildung auf der Dose an.

Kleine Dose

Material

- Spandose, ca. 13 cm x 16 cm
- Servietten mit Fröschen
- Acrylfarbe in Hellblau und Hellgelb
- Serviettenkleber

Bemalen Sie den Deckel der Dose hellblau, den Korpus hellgelb. Bringen Sie die Motive auf dem Deckel an.

Tulpenblüte

Tulpen haben wunderbar plakative Blütenkelche, von denen schon ein oder zwei Exemplare genügen um traumhaft schöne Dekorationen herzustellen.

Tulpenblüte

Abbildung Seite 8/9

Bild

Material
- Bilderrahmen, 26 cm x 32 cm
- Servietten mit Tulpen
- Perl-Acrylfarbe in Weiß
- Serviettenkleber
- Borstenpinsel

Zuerst bemalen Sie das komplett herausnehmbare Innenteil des Bilderrahmens zweimal mit Acrylfarbe, d.h. Sie stupfen die Farbe mit dem Borstenpinsel auf. Zwei Tulpenkelche dekorieren Sie auf dem Innenteil und Stücke von den Tulpenblättern und den unteren Teil eines Blütenkelches bringen Sie auf dem Bilderrahmen an.

Gießkanne

Material
- Weißblechgießkanne
- Servietten mit Tulpen
- Serviettenkleber

Die Gießkanne wird mit zwei Tulpenmotiven – vorne und hinten – dekoriert. Die großen Tulpenblätter werden für diese Dekoration nicht gebraucht.

Blumenampel

Material
- Blumenampel aus Terrakotta
- Servietten mit Tulpen
- Perl-Acrylfarbe in Weiß
- Serviettenkleber
- Borstenpinsel

Bemalen Sie die Blumenampel mit Acrylfarbe, entweder bis zum oberen Rand, sodass das Terrakotta-Material noch sichtbar ist oder Sie bemalen den Topf auch noch innen.
Da dieses Gefäß sehr bauchig ist, müssen Sie, nachdem Sie die Tulpe mit Blatt ausgeschnitten haben, einige Einschnitte im Tulpenmotiv und im Blatt vornehmen, da Sie das Motiv sonst nicht glatt auf dem Topf anbringen können. Die Einschnitte machen Sie am besten bei den einzelnen Kelchblättern und kleben diese dann überlappend auf.

Noch mehr Tulpen

Abbildung Seite 11

Dose mit Tulpe

Material
- Dose in Pink, ø ca. 14,5 cm
- Servietten mit Tulpen
- Serviettenkleber

Für diese Dose wird nur ein Tulpenkelch als Dekoration auf dem Deckel angebracht. Durch das Pink der Dose wirkt das Ganze sehr harmonisch. Falls Sie keine pinkfarbene Dose im Handel finden, grundieren Sie ein neutrales Modell einfach mit pinkfarbener Acrylfarbe.

Tablett

Material
- Transparentes Tablett
- Servietten mit Tulpen
- Serviettenkleber

Gehen Sie beim Anbringen der Serviette so vor, wie bei den Tischsets auf Seite 18/19 beschrieben.

Bilderrahmen für Kinder

Diese Bilderrahmen bringen fröhliche Stimmung ins Kinderzimmer und machen sich auch sehr hübsch mit den Porträts der Bewohner.

Material

- Bilderrahmen aus Holz, ca. 12,5 cm x 17,5 cm
- Servietten mit Küken, Bienen und Blumen, Tiger und Leuchtturm
- Acrylfarbe in Rosa, Hellgelb, Apricot
- Serviettenkleber
- Stupfpinsel oder Naturschwamm

Grundieren Sie die Rahmen in den gewünschten Farben und bringen Sie dann die Motive auf.
Für die Bilder bringen Sie ausgeschnittene Motive auf dickerem, weißem Papier in Rahmengröße an. Nach dem Trocknen können Sie um diese herum mit dem Stupfpinsel oder dem Naturschwamm Farbe auftupfen. Der Himmel des Bienen-Bildes ist übrigens ebenfalls eine Serviette. Schauen Sie doch mal auf die Leuchtturm-Serviette!

Accessoires für das Bad

Mit diesen individuellen Accessoires in Blau-Weiß bringen Sie frischen Wind in Ihr Bad und verleihen ihm mit ganz einfachen Mitteln ein maritimes Flair.

Kette mit Fischen

Material
- Mobilefolie
- Servietten mit Fischen
- Serviettenkleber
- Nähnadel
- Garn in Silber

Kleben Sie die grob ausgeschnittenen Fische auf die Folie. Nach dem Trocknen werden Sie exakt ausgeschnitten. Mithilfe der Nadel ziehen Sie silbernes Garn durch die Fische und hängen sie untereinander auf.

Utensilien-Kiste

Material
- Kleine Obstkiste
- Servietten mit Fischen
- Acrylfarbe in Weiß und Hellblau
- Serviettenkleber
- Stupfpinsel

Streichen Sie die Kiste zunächst mit weißer Acrylfarbe. Diesen Vorgang wiederholen Sie so oft, bis die oft recht bunten Motive auf der Kiste nicht mehr zu sehen sind. Dann bringen Sie mit dem Stupfpinsel ungleichmäßig hellblaue Farbe auf.
Nach dem Trocknen werden die Motive aufgebracht.

Bilderrahmen

Material
- Bilderrahmen aus grobem Holz, 28 cm x 33 cm
- Servietten mit Fischen
- Evtl. Acrylfarbe in Weiß
- Serviettenkleber

Grundieren Sie den Bilderrahmen ganz leicht mit Wasser verdünnter, weißer Acrylfarbe. Dann kleben Sie die ausgeschnitten Fische nach Geschmack auf.

Wenn Sie sich einen Arbeitsschritt sparen wollen, kaufen Sie einen schon weiß grundierten Rahmen.

Zauberhafte Stiefmütterchen

Diese zarten aber dennoch plakativen Blüten in frischen Farben eignen sich wunderbar für ganz leichte, transparente Wohnraumdekorationen.

Blütenstecker

Material
- Mobilefolie
- Serviette mit Stiefmütterchen
- Serviettenkleber
- Design-Draht (von Hobbidee®)
- Dickere Nähnadel

Die nur grob ausgeschnittenen Blüten werden auf der Folie angebracht und erst nach dem Trocknen des Klebers exakt ausgeschnitten. Mit einer Nähnadel bohren Sie Löcher vor, durch welche Sie anschließend den Draht ziehen und dessen kurzes Ende direkt unter der Blüte verdrehen.

Lampe

Material
- Lampe mit Papierschirm
- Servietten mit Stiefmütterchen
- Serviettenkleber

Tragen Sie entsprechend der Blütengröße Kleber auf den bereits montierten Schirm auf. Bringen Sie die Blüten nacheinander an, wobei Sie am besten mithilfe einer Hand von innen Gegendruck ausüben, damit Sie die Blüten gut andrücken können.

Windlicht

Material
- Konisches Glas, ø ca. 8 cm
- Servietten mit Stiefmütterchen
- Serviettenkleber

Tragen Sie auf das gesamte Glas Kleber auf und bringen Sie dann die Blüten an.

Fröhlich gedeckt

Mit diesen farbenfrohen Utensilien bringen Sie im Handumdrehen Abwechslung und gute Laune auf den Tisch. Und das mit ganz einfachen „Zutaten".

Sets

Material
- Tischsets aus Plastik mit Streifen
- Servietten mit Gemüse, Kaffetasse und Spagetti
- Serviettenkleber

Die Küchenmotive werden ausgerissen, nicht ausgeschnitten. Bestreichen Sie die gewünschte Stelle in passender Größe mit Serviettenkleber und bringen Sie das Motiv auf.

Bei transparenten Objekten gibt es einen einfachen Trick, der das exakte Anbringen des Klebstoffes und das Platzieren des Motivs erleichtert: Legen Sie unter die gewünschte Stelle eine Serviette mit dem Motiv, welches Sie anbringen möchten. Nun wissen Sie genau, wo Sie den Klebstoff auftragen und das entsprechend vorbereitete Bild auflegen müssen.

Geschmackvolles Küchenzubehör

Oft kommt es vor, dass man in Zeitschriften tolle Rezepte findet, die man gerne aufbewahren möchte. Natürlich kann man diese in einem Ringbuch sammeln. Schöner sind jedoch diese Notizbücher, in die Sie Rezepte kleben oder schreiben können. Vielleicht ist auch ein Rezept dabei, das Ihnen verrät, wie Sie die Spagetti aus dem dekorativen Vorratsglas lecker zubereiten können.

Rezeptbücher

Material
- Gebundene Blanko-Pappbücher, 15 cm x 22 cm
- Servietten mit Spagetti und Gemüse
- Perl-Acrylfarbe in Weiß
- Serviettenkleber
- Borstenpinsel
- Etiketten

Die Vorder- und Rückseiten beider Rezeptbücher werden zuerst mit Acrylfarbe weiß bemalt. Dabei stupfen Sie die Farbe mit dem Borstenpinsel auf die Pappe auf. Die Oberflächen sehen dadurch leicht wolkig aus. Falls nach dem ersten Farbauftrag die Pappe noch durchschimmern sollte, versehen Sie die Bücher mit einem weiteren Farbauftrag.
Aus den Servietten schneiden Sie je ein Motiv pro Buch aus und bringen dieses mit dem Kleber auf. Die Etiketten für die Bücher können Sie entweder kaufen, beschriften und aufkleben oder Sie stellen sich diese mithilfe eines Computers selbst her und dekorieren die Bücher damit.

Vorratsglas

Material
- Vorratsglas, ø ca. 10 cm
- Servietten mit Spagetti
- Serviettenkleber

Dieses Motiv wird ausgerissen. Bringen Sie es dann gemäß der Abbildung oder ganz nach Ihrem Geschmack auf dem Glas an.

Boxen und Dosen

Man kann eigentlich nie genug davon haben. Die tollen transparenten Plastikkästchen, die es in den unterschiedlichsten Formaten und Größen zu kaufen gibt, sehen zum einen toll aus und sind zum anderen super Behälter für allerlei Krimkrams, Stifte, Disketten etc. und je nach Dekoration für Kinder oder Erwachsene nützliche Ordnungshalter.

Plastikboxen

Material

- Transparente Plastikbox, 15 cm x 15 cm x 23 cm
- Transparente Plastikbox, 11 cm x 11 cm x 22 cm
- Sevietten mit Enten und Bienen
- Serviettenkleber

Für die kleine Box schneiden Sie Entenbordüren und einen großen Entenkopf aus. Die Bordüren werden am unteren Rand der Box aufgeklebt, der Entenkopf auf der Vorderseite oberhalb des Metallschildes.

Für die größere Box schneiden Sie aus den Servietten Bienen-Dreiergruppen und -Zweiergruppen mit Blumen aus. Auf die Front der Box kleben Sie über dem Metallschild drei Bienen und unter dem Metallschild drei Blumen auf. Die übrigen Zweier- und Dreiermotive bringen Sie an den Seiten der Box an.

Dosen

Material

- Runde Dosen in verschiedenen Größen in Hellgrün und Gelb
- Servietten mit Bienen
- Serviettenkleber

Anhand dieser Dosen sehen Sie, welch unterschiedliche Modelle man mit einem einzigen Serviettendesign kreieren kann.
Für die große grüne Dose werden die Blütenköpfe als Streifen aus den Servietten ausgeschnitten und damit das Dosenunterteil umklebt.
Für die gelbe Dose wird eine Biene mit Blume und zwei einzelne Blumen ausgeschnitten und damit der Deckel der Dose geschmückt.
Und für die kleine grüne Dose reichen schon drei einzelne Blüten auf dem Deckel, um aus ihr ein hübsches Unikat zu machen.

Stifte
Krimskrams

Ensemble mit Oliven

Hier riecht man förmlich den Süden – Italien, Spanien, Griechenland. Oliven erinnern an Urlaub, gutes Essen, Sommer, Sonne und Meer und verbreiten mediterrane Atmosphäre.

Material für alle Gefäße:

- Servietten mit Oliven
- Acrylfarbe in Hellgrün und Hellblau
- Serviettenkleber
- Borstenpinsel

Terrakotta-Schale

Material

- Terrakotta-Schale, 25 cm x 25 cm

Mischen Sie die Farben zu einem hellen Türkis und malen Sie die Terrakotta-Schale damit an. Jedoch nicht die ganze Schale, sondern nur das Innenteil wie auf dem Foto zu sehen ist. Am Rand lassen Sie die Farbe auslaufen.
Aus der Serviette schneiden Sie einen Streifen Oliven mit Blättern aus, der diagonal über die türkisfarbene Fläche arrangiert wird und ein kleines Motiv mit Oliven, das Sie ebenfalls auf der Schale arrangieren.

Fortsetzung Seite 26

Essig- und Ölflaschen

Material
- 2 Glasflaschen

Auch die Flaschen werden wie die Terrakotta-Schale nur teilweise mit türkisfarbener (Hellgrün und Hellblau gemischt) Farbe bemalt. Da Sie aus der Serviette verschiedene Motive ausschneiden können, zeigen wir Ihnen hier zwei Beispiele wie Serviettendekorationen aussehen können.

Terrakotta-Topf

Material
- Terrakotta-Topf, ø ca. 18 cm

Der Topf wird ebenfalls nur teilweise mit Farbe bemalt. Sie beginnen am unteren Teil des Topfes und lassen die Pinselstriche zum Rand hin auslaufen. Aus der Serviette wird für den Topf nur ein schmaler Motivstreifen ausgeschnitten, der vor allem Blätter, Zweige und nur wenige Oliven zeigt.

Maritimes in Silber

Silber und Grau kombiniert wirken immer edel. Dieses exquisite dreiteilige Set verbreitet dezent maritime Stimmung und passt gut zu einer schlichten Einrichtung.

Teller, Kerzenleuchter und Übertopf

Material
- Metallgefäße: Teller, ø 30 cm, Kerzenleuchter, ø 9 cm, Übertopf, ø 18 cm
- Serviette mit Muscheln und Seesternen
- Serviettenkleber

Der Teller wird flächig mit einer kompletten Serviette versehen, deren Inneres und der Rand ausgeschnitten wurde.

Der Übertopf wird mit einem zurechtgeschnittenen Eckstück beklebt.

Für den Kerzenleuchter schneiden Sie einige kleinere Muscheln aus und kleben diese auf den komplett mit Serviettenkleber versehenen Rohling.

Überstehende Serviettenreste werden einfach um den Rand geschlagen und dann entweder unten bzw. innen festgeklebt oder aber vorsichtig an der Kante abgerissen.

Accessoires mit nostalgischen Motiven

Kleine Notizbücher und Mini-Schatztruhen, denen man Geheimnisse anvertrauen kann, sind für Kinder wichtig. Und wenn Ihre Kinder Fans der Foxwood Tales sind, dann freuen sie sich bestimmt über diese Accessoires mit den Tieren, die so manche Abenteuer erleben.

Notizbücher

Material
- Blanko-Notizbücher mit braunem Pappeinband, 11 cm x 14,7 cm
- Servietten mit Foxwood Tales
- Serviettenkleber

Für die Notizbücher schneiden Sie je ein Motiv aus den Servietten aus und bringen es auf den Vorderseiten der Pappbüchlein an. Alle Motive laufen bis in die Buchrücken oder sogar bis auf den Rückeinband der Büchlein weiter.

Mini-Schatztruhe und Bilderrahmen

Material
- Mini-Schatztruhe aus brauner Pappe mit Bildausschnitt auf dem Deckel, 9 cm x 5,5 cm
- Bilderrahmen aus brauner Pappe mit Bildausschnitt 8 cm x 12,5 cm
- Servietten mit Foxwood Tales
- Serviettenkleber
- Cutter

Für den Ausschnitt des Deckels und des Bilderrahmens wählen Sie Motive aus den Servietten, die in diese Formate gut reinpassen.
Schneiden Sie diese aus und kleben Sie sie mit dem Serviettenkleber in die Bildausschnitte ein. Serviettenstücke, die über den Bildausschnitt hinausragen, schneiden Sie nach dem Trocknen des Motivs mit einem Cutter vorsichtig ab.

Witzig aufbewahrt

Nützliche Dinge um Ordnung zu halten braucht man immer. Besonders hübsch sind diese Stehsammler, die von Kindern bestimmt gerne aufgestellt werden. Einfache Brillenetuis lassen sich schnell zu Unikaten verwandeln indem Sie diese mit Serviettenmotiven und ein bisschen Farbe verzieren.

Brillenetuis

Material
- Brillenetuis, einfarbig bzw. grünmetallic
- Servietten mit Tiger und Enten
- Acrylfarbe in Perlweiß und Hellgrün
- Serviettenkleber
- Borstenpinsel

Schneiden Sie einen Tiger aus und umfahren Sie diesen mit einem dünnen Bleistift auf dem Etui, und zwar da, wo Sie ihn auf dem Brillenetui aufkleben möchten. Diese Fläche malen Sie mit perlweißer Acrylfarbe aus, denn durch den dunklen Untergrund wäre das Tigermotiv ohne diese Grundierung schlecht sichtbar.

Den Tigerkopf und den oberen Teil seines Körpers bringen Sie auf dem oberen Teil des Brillenetuis an und den unteren Teil seines Körpers auf dem unteren Teil des Brillenetuis. Zum Schluss können Sie mit einem Borstenpinsel und Acrylfarbe auf dem ganzen Etui noch Pfotenabdrücke des Tigers aufmalen.

Bevor Sie die Entenschar aufkleben, malen Sie eine Wiese mit grüner Acrylfarbe auf das obere Teil des Etuis. Nachdem die Farbe trocken ist, können Sie den ausgeschnittenen Serviettenstreifen mit den Entchen auf der Wiese mit Serviettenkleber anbringen.

Stehsammler

Material
- Stehsammler in Gelb
- Servietten mit Tiger, Enten und Bienen
- Serviettenkleber

Für die Tigervariante schneiden Sie fünf Tigermotive aus den Servietten. Lassen Sie dabei ruhig einen blauen Rand um die einzelnen Tiger stehen, dann heben diese sich besser vom gelben Hintergrund ab. Ein Tiger in voller Größe bringen Sie auf dem Rücken des Ordners an und je zwei Tiger, immer kleiner werdend, an den Seitenflächen.

Die Entenvariante besteht aus einer Bordüre, die komplett den unteren Rand des Stehsammlers schmückt und zwei Watschelenten, die so über die Knicke geklebt werden, dass sich die Hälften der Enten auf dem Rücken des Ordners entgegenkommen. Die Enten werden ausgerissen, die Bordüre ausgeschnitten.

Auch der Stehsammler mit Bienen wird mit ausgerissenen Motiven dekoriert. Dabei werden nur oberhalb der Bienenfühler die Servietten gerissen.
Den geraden Abschluss der Servietten nützen Sie für den Abschluss des Stehsammlers.

Etuis für Sonnenbrillen sehen übrigens toll mit maritimen Motiven aus. Probieren Sie es aus!

Blumentöpfe

Diese Töpfe sind schnell gemacht und passen sich je nach gewähltem Motiv jedem Einrichtungsstil an. Mit einer hübschen Pflanze versehen sind sie ein ideales Mitbringsel.

Material
- Blumentöpfe aus grobem Terrakotta, ø ca. 12,5 cm, ca. 13 cm hoch
- Serviette mit Sonnenblumen oder stilisiertem Blatt
- Acrylfarbe in Weiß
- Serviettenkleber

Die Sonnenblumen werden als zusammenhängendes Stück grob ausgeschnitten und dann auf dem komplett mit Kleber versehenen Topf angebracht. Die separat ausgeschnittenen Schmetterlinge bringen Sie am oberen Rand an.

Der Topf mit dem blauen Blatt wurde vor dem Anbringen des Motivs mit Wasser verdünnter, weißer Acrylfarbe grundiert. Das Blatt wurde ausgerissen, nur die Blattspitze und der Stiel wurden exakt ausgeschnitten.